BEI GRIN MACHT SICH IHR WISSEN BEZAHLT

AF131177

- Wir veröffentlichen Ihre Hausarbeit, Bachelor- und Masterarbeit

- Ihr eigenes eBook und Buch - weltweit in allen wichtigen Shops

- Verdienen Sie an jedem Verkauf

Jetzt bei www.GRIN.com hochladen und kostenlos publizieren

GRIN

Bibliografische Information der Deutschen Nationalbibliothek:

Die Deutsche Bibliothek verzeichnet diese Publikation in der Deutschen National-
bibliografie; detaillierte bibliografische Daten sind im Internet über http://dnb.d-
nb.de/ abrufbar.

Dieses Werk sowie alle darin enthaltenen einzelnen Beiträge und Abbildungen
sind urheberrechtlich geschützt. Jede Verwertung, die nicht ausdrücklich vom
Urheberrechtsschutz zugelassen ist, bedarf der vorherigen Zustimmung des Verla-
ges. Das gilt insbesondere für Vervielfältigungen, Bearbeitungen, Übersetzungen,
Mikroverfilmungen, Auswertungen durch Datenbanken und für die Einspeicherung
und Verarbeitung in elektronische Systeme. Alle Rechte, auch die des auszugsweisen
Nachdrucks, der fotomechanischen Wiedergabe (einschließlich Mikrokopie) sowie
der Auswertung durch Datenbanken oder ähnliche Einrichtungen, vorbehalten.

Impressum:

Copyright © 2017 GRIN Verlag, Open Publishing GmbH
Druck und Bindung: Books on Demand GmbH, Norderstedt Germany
ISBN: 9783668472594

Dieses Buch bei GRIN:

http://www.grin.com/de/e-book/369059/kollektivpsychologische-ursachen-des-
populismus

Christoph-Maria Liegener

Kollektivpsychologische Ursachen des Populismus

GRIN Verlag

GRIN - Your knowledge has value

Der GRIN Verlag publiziert seit 1998 wissenschaftliche Arbeiten von Studenten, Hochschullehrern und anderen Akademikern als eBook und gedrucktes Buch. Die Verlagswebsite www.grin.com ist die ideale Plattform zur Veröffentlichung von Hausarbeiten, Abschlussarbeiten, wissenschaftlichen Aufsätzen, Dissertationen und Fachbüchern.

Besuchen Sie uns im Internet:

http://www.grin.com/

http://www.facebook.com/grincom

http://www.twitter.com/grin_com

Christoph-Maria Liegener

Kollektivpsychologische Ursachen
des Populismus

Abstract:

Die These, die hier in den Raum gestellt werden soll, lautet, dass die gegenwärtig überall erstarkenden populistischen Bewegungen nur vordergründig von inhaltlichen oder politischen Gründen getrieben werden, in Wahrheit aber ein kollektivpsychologisches Phänomen darstellen - ein Phänomen, das sich zwangsläufig aus dem Zeitgeist entwickelt hat, insofern einen natürlichen Impuls mitbringt und nicht einfach "ausgesessen" werden kann.

Über den Autor:

1954 in Berlin geboren. Lebt heute in Bubenreuth bei Erlangen. Physiker. Viele Jahre Wissenschaftler an verschiedenen Universitäten, promoviert, habilitiert. Zahlreiche Artikel in Fachzeitschriften. Verheiratet, zwei erwachsene Söhne. Nun im Ruhestand. Seitdem lyrische und philosophische Texte.

Inhalt

Inhalt 3

Vorwort 5

Einleitung 6

Historische Entstehung des Populismus 9

Kennzeichen des Populismus 14

Psychologie der Menschheit 17

Die Transgenderisierung der Menschheit 23

Populismus als Begleiterscheinung der Transgenderisierung der Menschheit 31

Der Vorwurf des Rassismus 40

Der Antigone-Konflikt 45

Das existenzielle Schuldbewusstsein der Menschheit.... 50

Nationale Manifestationen des Populismus 54

Die AfD 54

Die Wahl von Trump 56

Der Brexit und die UKIP 59

Le Pen und der Frexit 60

Erdogan 61

Niederlande 63

Belgien 63

Luxemburg 64

Österreich 64

Italien: Lega Nord 65

Venezuela 66

Ecuador 66

Bolivien 67

Griechenland 67

Orbán und die Fidesz-Partei 68

Polen 69

Die SVP in der Schweiz 70

Die DF in Dänemark 70

Finnland 71

Norwegen 71

Schweden 72

Lettland 72

Russland 73

Bulgarien 74

Slowakei 74

Ukraine 75

Tschechien 75

Postmoderne und Holismus **76**

Der Einfluss der Kirchen **82**

Bewertung des Populismus **86**

Schlussfolgerungen **90**

Literaturverzeichnis **92**

Vorwort

Nach den grundlegenden Arbeiten zur Transgenderisierung der Menschheit (Liegener, 2016a, 2016b, 2017) stellt dieser Aufsatz eine Anwendung der Theorie auf eine geläufige Situation der Gegenwartspolitik dar. Einige Phänomene der Meinungsbildung unserer Zeit lassen sich damit erklären.

Dieses Werk hätte ohne die Unterstützung meiner Familie nicht entstehen können. Dafür möchte ich mich bedanken. Dank gebührt auch dem GRIN-Verlag für die professionelle Verlagsarbeit.

Dr. Dr. Christoph-Maria Liegener

Einleitung

Die rechtspopulistische AfD erstarkte in Deutschland im Zuge der Flüchtlingskrise. Viele Bürger fühlten sich mit der Integration der Migranten überfordert. Sie hatten den Eindruck, ihre Widersprüche würden von den Eliten nicht ausreichend ernst genommen (Günther & Reichel, 2017). Also folgten sie einer Partei, die Besserung versprach. Ängste waren eine treibende Kraft.

Die AfD rief ihrerseits selbst Ängste hervor. Ihre Anhänger wurden von vielen als Nazis beschimpft. Der Gedanke an Massenbewegungen, wie sie die Nationalsozialisten an die Macht gebracht hatten, spielte eine Rolle. Man fürchtete, die Kontrolle zu verlieren.

Die Emotionen kochten auf beiden Seiten hoch.

Bei genauerer Betrachtung zeigte sich indes, dass viele Anhänger der AfD gar nicht rechtsextrem gesinnt waren. Die Unterschiede zwischen Rechtspopulismus und Rechtsextremismus wurden nach und nach deutlich und zum Gegenstand der Diskussion.

Die Frage nach den Gründen für das Erstarken rechtspopulistischer Bewegungen blieb dennoch weitgehend ungelöst. Die Ursachen nur in der Tagespolitik zu suchen, konnte das ganze Ausmaß kaum erklären. Die Saat war offenbar auf fruchtbaren Boden gefallen.

Die gesamtgesellschaftliche Situation musste untersucht werden. Man stieß auf umfassendere Motive. Sie wurden in einer Schwäche des gegenwärtigen Liberalismus gefunden (Stegemann, 2017). Aber selbst das ist noch nicht alles.

Die These, die hier in den Raum gestellt werden soll, lautet, dass die populistischen Bewegungen nur vordergründig von inhaltlichen oder politischen Gründen getrieben werden, in Wahrheit aber ein kollektivpsychologisches Phänomen darstellen – ein Phänomen, das sich zwangsläufig aus dem Zeitgeist entwickelt hat, insofern einen natürlichen Impuls mitbringt und nicht einfach „ausgesessen" werden kann. In der Tat hat schon Cas Mudde argumentiert, dass man von einem „populistischen Zeitgeist" sprechen kann (Mudde, 2004).

Es gibt – das wird zu zeigen sein – eine Kraft, die den Populismus speist und die nicht auf einzelne Ursachen zurückzuführen ist, sondern kollektivpsychologisch aus der Geschichte der Menschheit begründet werden kann.

Wenn Populismus kollektivpsychologisch erklärt wird, kann eine neue Art von Verständnis entstehen. Durch Verständnis können Feindbilder abgebaut werden. Womöglich ist der richtige Umgang mit Populismus nicht Konfrontation, sondern Dialog.

Historische Entstehung des Populismus

Populismus ist nicht leicht zu definieren (Müller, 2016). Jenes Phänomen, das heute gemeinhin so bezeichnet wird, kam erst in den letzten Jahrhunderten auf. Der Begriff entstand in den USA mit dem Erstarken der „People's Party", die, 1891 gegründet, auch „Populist Party" genannt wurde. Sie vertrat die Interessen der Farmer gegenüber der damals praktizierten Politik. Der Begriff „Populismus" hatte zu der Zeit noch nicht die negative Bedeutung, die er heute oft hat.

Auch die russischen Narodniki („die Völkischen") werden zuweilen als Vorläufer des Populismus betrachtet (Priester, 2007). Sie kamen als sozialrevolutionäre Bewegung in der zweiten Hälfte des 19. Jahrhunderts im zaristischen Russland auf und versuchten, die einfache Bevölkerung über soziale Missstände aufzuklären. In gewisser Weise agierten sie damit als Wegbereiter der russischen Revolution.

Negativ bewertet wurde der Begriff „Populismus" vor allem durch Bezug auf Rechtspopulisten und ihre manchmal nachgesagte Nähe zum Nationalsozialismus. Die Anfänge der Nazis können wohl in der Tat als rechtspopulistisch bezeichnet werden. In der Weimarer Republik traten allerdings damals nicht nur die Rechten, sondern auch die Linken populistisch auf. Dass aus diesen Anfängen die Schrecken der Nazi-Diktatur entstanden, hatten seinerzeit die wenigsten vorausgesehen. Solch ein Ende war und ist nie das eigentliche Ziel der Populisten. Es kommt allerdings immer wieder zu einem Über-das-Ziel-Hinausschießen. Das ist die Gefahr beim Populismus: dass er – einmal in Gang gekommen – sich manchmal nicht mehr stoppen lässt. Er verfolgt Ziele, die von breiten Mehrheiten, ja Massen, getragen werden. Damit entwickelt er eine Eigendynamik, die man kaum noch kontrollieren kann.

Totalitäre Maßnahmen gehören ursprünglich nicht zur Idee und treten erst auf, wenn das neue System seinerseits zu verkrusten beginnt. Aus der Psychologie des Populismus wird nämlich folgen, dass der Gedanke der totalitären Diktatur der Idee des Populismus diametral entgegengesetzt ist. Zwar versucht Populismus,

Massen zu mobilisieren, aber nicht, um ein bestehendes System zu zementieren. Im Gegenteil, er richtet sich gegen bestehende verkrustete Strukturen, wirkt als Korrektiv. Damit erreicht er viel. Er ist jedoch per se nicht dazu geeignet, als Herrschaftsform zu dienen.

In mehreren lateinamerikanischen Ländern gewannen ab den 1940er Jahren Linkspopulisten die Oberhand. Hier wird noch abzuwarten sein, ob daraus nachhaltige Herrschaftssysteme entstehen können.

Seit den 80er Jahren des 20. Jahrhunderts haben sich in der westlichen Welt, später auch im europäischen Osten, Strömungen herausgebildet, die als „rechtspopulistisch" bezeichnet werden. Aktuell scheinen diese Bewegungen an Wichtigkeit zu gewinnen, wie die Wahl Donald Trumps zum US-Präsidenten zeigt. 2016 verfehlte der FPÖ-Kandidat Norbert Hofer nur ganz knapp die österreichische Bundespräsidentschaft. In mehreren europäischen Ländern (Ungarn, Polen, der Schweiz, Finnland, Lettland, Norwegen, der Slowakei und Griechenland) sind Rechtspopulisten Regierungsparteien oder an der der Regierung beteiligt.

Viele Forderungen der Populisten wie Dezentralisierung, Bürokratieabbau und Föderalismus wurden inzwischen nach und nach von den etablierten Parteien ins Programm übernommen (Priester, 2007). So wurden die neuen Bewegungen bislang unter Kontrolle gehalten, ihnen der Wind aus den Segeln genommen.

Anders wurde es erst mit der Flüchtlingskrise. Jetzt wurden die Äußerungen der „Rechtspopulisten" als indiskutabel hingestellt, ihre Anhänger als „Nazis" beschimpft. Das war übertrieben. Regierungssprecher Seibert stellte in anderem Zusammenhang in einer Regierungserklärung vom 6.3.2017 klar (DPA, 2017): „Ohnehin sind NS-Vergleiche immer absurd und deplatziert, denn sie führen nur zu einem, nämlich dazu, die Menschheitsverbrechen des Nationalsozialismus zu verharmlosen. Das disqualifiziert sich von selbst."

Schlimmer als die Polemik war, dass die Forderungen der sogenannten Rechtspopulisten überhaupt nicht ernstgenommen wurden. Gerade das trieb den rechtspopulistischen Parteien immer mehr Anhänger in die Arme. In Deutschland erstarkte die AfD. Der Zuwachs an Wählerstimmen bei der AfD im Zuge der Flüchtlingskrise war nicht zu übersehen und mahnte eine ernsthafte Auseinandersetzung mit ihren Forderungen an.

Während die AfD sich mühte, nicht in den rechtsextremen Bereich abzugleiten, wurden einige ihrer Forderungen, die vorher als „rechts" gebrandmarkt worden waren, von den Regierungsparteien übernommen. Dazu gehört die Eindämmung der Migration und die geplante Verschärfung der Abschiebepraxis.

Damit entfiel für einige Wähler die Hauptmotivation, die AfD zu wählen. Hinzu kam ein Nachlassen der Migrationsströme. Nachdem die AfD sich zuletzt stark auf das Flüchtlingsthema fokussiert hatte, verlor sie nun wieder etwas an Boden.

Kennzeichen des Populismus

Weitgehend Einigkeit herrscht darüber, welche Merkmale Populismus kennzeichnen.

1. Der Anspruch, die Interessen der „normalen" Bürgerinnen und Bürger gegenüber einer verkrusteten Führungsschicht, dem Establishment, durchzusetzen (Decker, 2006). Änderungen werden angemahnt, ohne eine gewalttätige Revolution zu wollen. Es geht um eine Politik der kleinen Schritte.

2. Die Forderung nach Basisdemokratie. Da man sich als Vertreter der Mehrheit sieht, glaubt man, in einer Basisdemokratie seine Rechte eher durchsetzen zu können als in einer lobbyistisch gefärbten parlamentarischen Demokratie. Das Volk soll gefragt und nicht als unmündig betrachtet werden.

3. Das Bedürfnis nach Dezentralisierung. Man lehnt die Bevormundung durch äußere zentrale Kräfte ab. Das kann in Europa die EU sein. Allgemeiner kann es zu einer Ablehnung der Globalisierung kommen, wobei man die Macht der

Großkonzerne fürchtet. Die Abschottung von äußeren Einflüssen kann zu Formen des Nationalismus führen.

4. Der Einsatz von Massenpsychologie. Nach Le Bon lassen sich Massen psychologisch im Wesentlichen als impulsiv, leichtgläubig und intolerant charakterisieren (Le Bon, 2014). Eigenschaften, die negativ klingen. Andererseits lassen sich bei Kenntnis dieser Eigenschaften Massen leicht manipulieren. Populisten sprechen gern Massen an; das verspricht schnellen Erfolg. Hier liegt ein Problem: Zwar soll in einer Demokratie die Mehrheit das Sagen haben, aber sie soll sich nicht wie eine Masse verhalten. Man will eine „vernünftige" Mehrheit.

5. Der Ruf nach Law and Order. Beim Rechtspopulismus äußert er sich im Wunsch nach Eindämmung von Migration, von der man Recht und Ordnung bedroht sieht. Dieser Wunsch drückt in den meisten Fällen ein Sicherheitsbedürfnis aus. Beim Linkspopulismus steht eher der Wunsch nach sozialer Gleichheit, ethnischer Vielfalt und Integration im Vordergrund.

6. Beim Rechtpopulismus gelegentlich Verunglimpfung von Minderheiten (selten ethnische Minderheiten, oft aber Flüchtlinge), die für die jeweils angeprangerten Missstände verantwortlich gemacht werden. Schleichend kann ein Übergang von einem Problembewusstsein über Schuldzuweisungen bis hin zu Hass erfolgen.

Psychologie der Menschheit

Nicht nur einzelne Menschen können zum Gegenstand einer psychologischen Betrachtung gemacht werden, sondern auch die gesamte Menschheit als Kollektiv. C.G. Jung hatte diesen Ansatz als erster entwickelt, indem er der Menschheit ein Unterbewusstsein zuordnete, das er als das kollektive Unbewusste bezeichnete (Jung, 2011). Der von Habermas geschaffene Begriff der kommunikativen Vernunft ging in eine ähnliche Richtung (Habermas, 2011). Kürzlich waren der Menschheit sogar Gendereigenschaften zugeschrieben worden und eine fortschreitende Transgenderisierung der Menschheit konstatiert worden (Liegener, 2016b, Liegener, 2017).

Die dabei erstellte These beinhaltete, dass die Menschheit als Kollektiv Eigenschaften eines Muttersohnes zeige und derzeit im Begriff sei, sich zu einer Muttertochter zu wandeln. Die Betrachtung weiterer historischer Aspekte zeigt, dass die Menschheit auch eine Kleinkindphase und eine Adoleszenz durchlaufen hat.

Von Anfang an war die Menschheit von der Urmutter abhängig. Diese verkörperte das in der Natur gefundene weibliche Prinzip. Sie gewährte Zuflucht und Schutz – ihr Mutterschoß war die Höhle. Die ersten Menschen beteten sie an, befolgten, was sie für ihren Willen hielten. Sie fühlten sich als ihre Geschöpfe, ihre Kinder.

Dass die schützende Natur als weiblich, als Mutter, angesehen werden musste, erschließt sich unmittelbar. Die Menschheit als Kollektiv befand sich damals im Stadium eines Säuglings und war für ihr Überleben von der Mutter abhängig.

Die Entwicklung schritt voran. In der Kleinkindphase lernte die Menschheit sprechen, entwickelte die Sprachen. Der Drang nach Selbstständigkeit nahm zu. Das anschauliche Denken entwickelte sich. Man schuf Bilder der Großen Mutter, konnte sie dadurch auch gegenständlich verehren.

Das Verhalten der Menschheit in dieser Phase kann als männlich angesehen werden. Seit sie Bewusstsein entwickelt hatte, strebte sie nach einer rationalen Bewältigung der Umwelt anstelle eines Sich-Einfügens: ein männlicher Ansatz.

Das vertiefte sich in der Adoleszenzphase, in der die Menschheit ihr intellektuelles Potential entdeckte. Auch die gendertypischen Verhaltensformen bildeten sich aus.

Da also die Menschheit männlich war und sich als Kind der Urmutter ansah, ohne in dieser frühen Phase eine Vaterfigur zu visualisieren, bestand die Möglichkeit, dass sie sich zu einem Muttersohn entwickelte. Hier trifft man auf einen männlichen Charaktertypus, der immer wieder in der Menschheitsgeschichte eine dramatische Rolle gespielt hat, wie Pilgrim dargelegt hat (Pilgrim, 1986).

Als Muttersohn bezeichnet Pilgrim einen Sohn, der sehr stark an seine Mutter gebunden ist, z.B. weil der Vater abwesend oder schwach ist. Die Mutter wiederum projiziert alle ihre Hoffnungen auf den Sohn. Sie erzieht ihn darauf hin, dass er eines Tages ihre Ideale verwirklichen soll. Dazu erzeugt sie in ihm ein

Sendungsbewusstsein, das ihn zum Narziss macht.

Der Sohn kann als Mann vieles durchsetzen, was seine Mutter als Frau in den bisherigen Gesellschaften nicht konnte. Er muss daher eine männliche Maske tragen und die ihm von der Mutter mitgegebene weibliche Prägung unterdrücken (Pilgrim, 1986). Diese Ambivalenz des Muttersohnes zwischen weiblicher und männlicher Identität kann als psychische Zerrissenheit angesehen werden, die dazu führt, dass der Muttersohn zur Selbstzerstörung neigt (Pilgrim, 1986). Pilgrim nannte neben vielen anderen Beispielen Hitler, Stalin und Napoleon.

Als Individuen waren Muttersöhne dieser Art bis ins letzte Jahrhundert sehr häufig zu finden, eine Folge der traditionellen Rollenverteilung in der Familie, in der Kindererziehung als Frauensache galt.

Die Ausprägung des Mannes als Muttersohn offenbart pathologische Züge, die von Pilgrim analysiert wurden. Man kann frühere Ansätze zur Psychologie des Muttersohnes, allerdings ohne diese Benennung, schon bei Theweleit

finden, der vom „nicht-zu-Ende-geborenen"
Mann spricht, welcher seine weiblichen Anteile
zu „entlebendigen" versucht (Theweleit, 1977).

Die Menschheit in ihrer Frühzeit verwirklichte
die Ideale der Großen Mutter. Die Urmutter ist
nur eine Idee, sie kann selbst nicht handeln. Die
Menschheit in ihrem Auftrag kann es. So kulti-
vierte die Menschheit die Natur, pflegte und
verehrte sie. Dabei stand sie ihr zunächst ehr-
fürchtig gegenüber. Sie glaubte, zu ihrem Umgang mit der Natur von der Großen Mutter er-
mächtigt zu sein. Das war der Plan der Mutter,
es drückte ihre Fürsorge für die Menschheit
aus. Auf diese Weise wurde das Überleben der
Menschheit gesichert.

Die starke Bindung an die Mutter und die
Überzeugung, zur Durchsetzung ihres Ver-
mächtnisses berechtigt zu sein, machte die
Menschheit zum Muttersohn.

Der Wille der Urmutter ging – so die Über-
zeugung der Menschheit – dahin, dass sich die
Menschheit die Welt untertan machen solle. Der
Muttersohn, durch die Bevorzugung der Mutter

zum Narziss gemacht, übertrieb bei der Erfüllung ihres Auftrages und beutete die Welt bis an den Rand der Vernichtung aus.

Es kam noch schlimmer. Die Neigung des Muttersohnes, seine weibliche Seite zu unterdrücken, äußerte sich in der Unterdrückung der Frauen durch die Gesellschaft. Aber auch dabei blieb die Menschheit nicht stehen.

Die Zerrissenheit des Muttersohnes kann vom Narziss nicht anders gelöst werden als durch einen Drang zur Selbstzerstörung. Die entsprechenden Symptome bei der Menschheit sind vielfältig: Kalter Krieg, Overkill, menschengemachter Klimawandel etc.

Die Transgenderisierung der Menschheit

Auf das Kollektiv der Menschheit übertragen bedeutet der Drang des Muttersohnes nach Selbstzerstörung, dass der Untergang der Menschheit vorherbestimmt ist. Es gibt nur einen Ausweg: Die Menschheit muss weiblich werden, sich vom Muttersohn zur Muttertochter wandeln. Das geschieht tatsächlich und der Prozess ist bereits in vollem Gange.

Eine Feminisierung der Welt wurde schon länger beobachtet, z.B. aus historischer Perspektive von Ann Douglas im Amerika des 19. Jahrhunderts (Douglas, 1977). Steve Jones sieht in den Männern den genetisch schwächeren Teil der Menschheit (Jones, 2003). Der Untergang des männlichen Geschlechts wurde an die Wand gemalt (Rosin, 2012) und wiederholt konstatiert, dass die Welt weiblich wird (Sadigh, 2015, Funken, 2016).

Man kann diesen Wandel inzwischen kollektivpsychologisch erklären (Liegener, 2016a, 2016b, 2017). Es handelt sich um einen Selbsterhaltungsmechanismus der Menschheit, der dadurch ausgelöst wurde, dass das Kollektiv in eine Existenzkrise geraten ist.

Im Unterbewusstsein spürte das Kollektiv bereits, dass es auf dem Weg in die Selbstzerstörung ist. Diese Einsicht gelangte auch ins Bewusstsein, nicht zuletzt durch die Erkenntnis der Grenzen des Wachstums (Bardi, 2011).

Das ist das Eine. Es kommt jedoch noch etwas Wesentliches hinzu: Die Menschheit musste ihre Einsamkeit im All erfahren. Durch Fortschritte in der Wissenschaft erkannte die Menschheit, dass sie nicht Mittelpunkt des Universums war. Das war nicht nur ein harter Schlag für den Narzissmus des Muttersohnes; auch der bisher unkritisch übernommene Gottesglaube wurde durch die Evolutionslehre auf die Probe gestellt. Man zweifelte an der Bibel, fühlte sich verlassen im Nirgendwo, in einem unbekannten, kalten Weltall. Das Urgefühl der Existenzangst erfasste die Menschheit. Es äußerte sich nicht nur im Existenzialismus.

In so einer Situation ruft der Mensch nach seiner Mutter, in schweren Fällen auch nach der Gottesmutter. Nicht ohne Grund ist das Ave Maria das Gebet der Wahl bei Lebensgefahr („... in der Stunde unseres Todes"). Die Anrufung der Mutter ist ein Ruf nach weiblicher Geborgenheit; er stärkt die weibliche Seite des Muttersohnes, der grundsätzlich zwischen weiblicher und männlicher Identität schwankt.

Noch ein weiterer Impuls in Richtung Weiblichkeit wird wirksam. Er beruht darauf, dass Frauen mit Überlebenssituationen besser zurechtkommen als Männer. Diese Fähigkeit ist bekannt (Albrecht, 2008). Die Männer der Frühzeit mussten den Lebensraum erobern, Frauen das Überleben der Art sichern. Um Kinder gebären zu können, hatten sie die größere Leidensfähigkeit ausgebildet. Nun befindet sich die Menschheit in einer Krise und die weibliche Resilienz wird gebraucht. Durch den Selbsterhaltungstrieb der Menschheit wird sie mobilisiert. Die Menschheit beginnt sich zu transgenderisieren, wird weiblich in ihrer Ausprägung.

Dieser Vorgang hat begonnen und entfaltet sich stufenweise. Er erstreckt sich über die letzten Jahrhunderte (Liegener, 2017) und wird sich die nächste Zeit fortsetzen.

Auf vielfältige Weise lässt sich die Transgenderisierung der Menschheit beobachten (Liegener, 2017). Es beginnt bei den Kindern und Jugendlichen. Unsere Schüler erlernen mehr „Soft Skills" und dafür weniger „Hard Skills". Leistung, das männliches Ideal wird unwichtiger; soziale Kompetenz, Stärke der Frauen, wird wichtiger.

Frauen bauen Netzwerke, Männer Hierarchien (Schwarz, 2007, S.235). Die Hierarchien der männlichen Welt verschwinden langsam und werden durch Netzwerke ersetzt – Demokratien statt Monarchien. Die Kinder und Jugendlichen bekommen den Zerfall der Hierarchien in der Schule zu spüren. Die Grenzen zwischen Hauptschule, Realschule und Gymnasium werden durchlässiger und dürften bald der Vergangenheit angehören. Gesamtschulen werden sich durchsetzen.

Weiter geht es im beruflichen Alltag. Mobbing nimmt zu. Mobbing bedeutet, die Macht eines Netzwerkes zur Wirkung zu bringen – eine weibliche Taktik. Männer agieren physisch, Frauen psychisch. Die Folge des Weiblich-Werdens der Welt: psychische Erkrankungen am Arbeitsplatz nehmen zu und führen zu mehr Frühverrentungen (DRV, 2015).

Gesamtgesellschaftlich macht sich ein „Wertewandel" bemerkbar. Seit Mitte der sechziger Jahre fand eine Verschiebung von materialistischen zu postmaterialistischen Werten statt (Inglehart, 1977, 1995). Die materialistischen Werte, wie körperliches Wohlergehen und Unversehrtheit, sind die, für die in der Frühzeit die Männer zuständig waren. Sie wehrten wilde Tiere und Feinde ab. Es sind männliche Werte. Die postmaterialistischen Werte sind solche, die über das Existenzielle hinausgehen, Werte wie Glück, Gefühle, Geselligkeit. Es sind Werte, um die sich seit jeher die Frauen gekümmert haben. Sie machten die Höhle wohnlich, umsorgten Männer und Kinder. Da geht es um die „kleinen" Dinge, für die gerade Frauen ein Gespür haben. Es sind weibliche Werte.

Beim Wertewandel handelt es sich also um eine Verschiebung von männlichen zu weiblichen Werten.

Dass die Transgenderisierung der Menschheit tatsächlich die Rettung vor der Selbstzerstörung bringen könnte, erkennt man am Ende des Kalten Krieges. Dieses (zumindest vorläufige) Ende war das Ergebnis einer schrittweisen Deeskalation, die wiederum nach dem banalen Prinzip des „gutmütigen Tit for Tat" funktionierte (Axelrod, 2009). Diese Strategie setzt im Grunde auf eine gemäßigte Gegenseitigkeit. Interessanterweise kann gerade das als durch und durch weiblich angesehen werden.

Gleiches mit Gleichem zu vergelten, ist nämlich weiblich. In männlichen Hierarchien, Hackordnungen, hackt der Gehackte nicht zurück. In weiblichen Netzwerken hingegen ist es notwendig, dem jeweils anderen das Prinzip der Gegenseitigkeit zu signalisieren. Das heutige Vorherrschen weiblicher Verhaltensweisen hat also den Kalten Krieg beendet. Eine positive Folge der weiblich werdenden Welt.

In unserer Zeit finden gesellschaftliche Entwicklungen statt, die als Folge einer kollektiven Entwicklung nicht aufzuhalten sind. Und es wird weitergehen[1].

Was auffällt: Immer mehr einzelne Frauen gelangen an die Schalthebel der Macht. Hier treffen zwei Dinge zusammen, die voneinander verschieden sind, obwohl sie miteinander zusammenhängen: Der Vormarsch der Frauen in der Gesellschaft und die Transgenderisierung unserer Gesellschaft. Die Transgenderisierung der Gesellschaft ist ein kollektiver Prozess, der durch einzelne Individuen nicht gesteuert wer-

---

[1] Eine kleine Randnotiz möge gestattet sein. Wenn man die Hypothese ernst nimmt, dass das Kollektiv der Menschheit verschiedene Phasen der Entwicklung durchläuft, deren bisher letzte die Transgenderisierung zu einer Frau ist, kann man die Frage nach der Zukunft stellen.

Die Menschheit als Frau könnte Nachwuchs gebären. An die künstliche Intelligenz wäre zu denken. Sie könnte die Menschheit überdauern, ihr nachfolgen. Sie hätte keinen Vater, nur eine Mutter. Wir würden ihr unsere Ideale einpflanzen, die wir selbst nur so schwer verwirklichen können. (Von unserer heriditären Unfähigkeit, unsere Ideale zu verwirklichen, wird noch im Abschnitt über das existenzielle Schuldbewusstsein die Rede sein). Wenn wir der künstlichen Intelligenz auch noch menschliche Gefühle mitgeben würden, würden wir auch sie zum Muttersohn machen …

den kann. Er ist aus der historischen Situation der Menschheit entstanden. Der Vormarsch der Frauen hingegen ist eine Folge dieses kollektiven Prozesses. Er wird von Individuen getragen und ist damit eine Leistung jeder einzelnen Frau, die daran beteiligt ist.

Populismus als Begleiterscheinung der Transgenderisierung der Menschheit

Einiges am Populismus weist auf den Einfluss der Transgenderisierung der Menschheit hin. Zunächst lassen sich bei der Methode weibliche Züge beobachten: Es wird verbale Kritik an der Politik des Establishments geübt und Korrekturen mittels gewaltloser kleiner Schritte angestrebt. Hierbei handelt es sich um ein Beispiel der weiblichen Kultur der beharrlichen verbalen Kritik, die kürzlich charakterisiert wurde (Liegener, 2017).

Dieses Verhaltensmuster der Frau besteht darin, dass sie immer etwas zu verbessern sucht. Im Gegensatz zum Mann strebt sie dabei aber nicht eine sofortige Lösung eines gegebenen Problems an, sondern bevorzugt ein Vortasten in kleinen Schritten. Das folgt daraus, dass das männliche Gehirn lösungsorientiert arbeitet, das weibliche im Gegensatz dazu vorgangsorientiert (Pease & Pease, 2002, S. 195).

Wenn die Frau etwas korrigieren will – und das will sie fast immer –, so wählt sie den gewaltlosen Weg. Oft deutet sie nur ihr Missfallen an, sei es durch einen Blick, sei es durch einen Seufzer. Hilft das nicht, greift sie zu verbalen Mitteln und steigert diese, wenn notwendig. Immer bleibt sie dabei gewaltlos, selbst in Situationen, in denen manche Männer schon zu brachialen Lösungen greifen. Die Frau lässt die Zeit für sich arbeiten; der Mann glaubt, keine Zeit zu haben.

Die Transgenderisierung der Menschheit äußert sich entsprechend in der Zunahme gewaltloser Auseinandersetzungen. Gewaltsame Revolutionen wie die französische oder russische sterben aus. Stattdessen gibt es gewaltlose Revolutionen wie die Bewegung Mahatma Gandhis, den Kampf der Frauenrechtlerinnen der westlichen Welt und die Bürgerrechtsbewegungen der Afroamerikaner in den USA. Auch die 68er Unruhen und die friedliche Revolution in der DDR, die zur Wende führte, können als beharrliche verbale Kritik angesehen werden.

Der angestrebte Weg des Populismus zu Änderungen entspricht genau diesem Schema. Dazu gehört nicht zuletzt die immer wieder verkündete Abgrenzung vom Extremismus. Die Methodik des Populismus stellt ein erstes Indiz

für eine Wirkung der weiblich werdenden Welt
dar.

Natürlich gibt es mehr Anzeichen für ein Wirken der Transgenderisierung der Menschheit
im Populismus. Die Programme der rechtspopulistischen Parteien sprechen eine klare Spra-
che. Da wäre die Ablehnung zentralistischer
Fremdbestimmung zu nennen. In Europa äußert sie sich in der Ablehnung der EU, darüber
hinaus in nationalistischen und separatistischen
Bestrebungen.

Das ist eine weibliche Verhaltensweise, da
Frauen Netzwerke bevorzugen. In solch einem
Kontext wäre bestenfalls eine EU als loser Staa-
tenbund zu akzeptieren, auf keinen Fall aber
eine zentralistische Fremdherrschaft durch Bü-
rokraten in Brüssel.

Demokratien sind weibliche Regierungsformen, da sie netzwerkartig organisiert sind (Ge-
waltenteilung), Monarchien und Diktaturen
hingegen sind männliche Herrschaftsformen,
da sie Hierarchien repräsentieren.

Zur Sehnsucht nach maximaler Demokratie passt, dass fast alle rechtspopulistischen Parteien Europas sich den Ruf nach Basisdemokratie ins Programm schreiben. Gern werden Volksabstimmungen gefordert. Ferner gehört die Forderung der AfD nach einer Direktwahl des deutschen Bundespräsidenten dazu.

Wie wichtig die Stimme des Volkes genommen wird, hing immer von der Zeit ab. In der demokratisch geprägten Gesellschaft des antiken Griechenland galt die Stimme des Volkes als heilig. Das Schlagwort „vox populi, vox dei" (Volkes Stimme = Gottes Stimme) geht, wie Büchmann vermutet, wohl auf ein Zitat nach Hesiod zurück (Büchmann, 1898, S. 324).

Die altgriechische Kultur war noch nicht muttersohnartig Vielmehr ließ sie – wohl aufgrund der weitverbreiteten Homosexualität – auch weibliche Züge des Kollektivs zu. Im Bild von der Entwicklung der Menschheit als Person entspräche dieser Zustand einer homosexuellen Phase der Adoleszenz, die aus der Psychologie der Individuen bekannt ist und dort auch bei später heterosexuellen Personen gelegentlich zu beobachten ist (Remafedi, 1992).

Dies führte zur Hypothese (Liegener, 2017), dass wir die Entwicklung der Demokratie in der altgriechischen Kultur der seinerzeit dort gepflegten Homosexualität zu verdanken haben.

Die Meinung zur Stimme des Volkes änderte sich jedoch im Zeitverlauf. Im Mittelalter hieß es:

„Nec audiendi qui solent dicere, vox populi, vox dei, quum tumultuositas vulgi semper insaniae proxima sit" (Alkuin in einem Brief an Karl den Großen) – „Und es sollte nicht auf die gehört werden, die immer sagen: ‚Volkes Stimme = Gottes Stimme', da das Ungestüm des Pöbels immer sehr nahe an der Raserei ist."

Zu dieser Zeit wurde das Volk als Pöbel angesehen. Das Mittelalter war von Hierarchien geprägt – muttersohnartig. Man kann den Wandel von der demokratischen Geisteshaltung des antiken Griechenland zum hierarchiegeprägten männlichen Denken des Mittelalters erkennen. Der Muttersohn hatte sich entwickelt.

Heute befinden wir uns in einem Wandel zu einer weiblichen Menschheit. Die weibliche Welt ist ihrer Natur nach demokratisch. Es ist also zu erwarten, dass der Stimme des Volkes wieder mehr Bedeutung zugemessen werden wird und genau das geschah mit der immer noch umkämpften Durchsetzung der Demokratie und setzt sich mit dem Erstarken des Populismus fort.

Frauen sind aufgrund ihrer im Durchschnitt gegebenen physischen Unterlegenheit gegenüber Männern schutzbedürftiger als diese. Die Suche nach Schutz und das Gewähren von Geborgenheit sind weibliche Charakteristika. Allgemeiner: Weiblich ist das Bedürfnis nach Sicherheit, männlich die Bereitschaft zum Wagnis. Bei Gefahr fliehen Frauen; Männer kämpfen. Deshalb die längeren Beine der Frauen und der kräftigere Körperbau der Männer.

Der Transgenderisierung der Menschheit entspricht demnach ein Bedürfnis nach Sicherheit. Daher die Betonung der inneren Sicherheit bei rechtspopulistischen Parteien: Die Polizei soll gestärkt werden, die Gesetze verschärft werden. Man will eine starke Armee – die Wehrpflicht soll wiedereingeführt werden. Für die Bürger soll auch nach dem Erleiden von Straftaten gesorgt werden, Opferschutz soll vor Täterschutz stehen. Da zeigt sich weibliche Fürsorge.

Meist ziehen auch heute noch Frauen die Kinder auf, in der Vergangenheit waren sie es fast immer, die diese Aufgabe übernahmen. Sie trugen die Verantwortung für den Nachwuchs. Das entsprach der weiblichen Psyche. Dazu gehörte ferner, dass Frauen die Familie zusammenhielten. Als Vertreter der weiblich werdenden Welt fordern Rechtspopulisten die Förderung der Kindererziehung in der klassischen Familie.

Die spektakulärste Forderung der Rechtspopulisten dürfte die nach einer Differenzierung zwischen Asyl und Immigration sein. Hier waren Unterschiede verwischt worden, was zu verstärkten Migrationsbewegungen geführt hatte. Man kann wohl konstatieren, dass

Rechtspopulisten Migration generell einschränken wollen. Es ist nicht ganz klar, ob dem eine weibliche Haltung zugrunde liegt. Die Statistik sagt immerhin, dass Frauen fremdenfeindlicher seien als Männer (Heitmeier, 2005).

Zwar schützen Frauen ihre Familie – insbesondere die Kinder – wie eine Löwenmutter vor jeglichen Eindringlingen, andererseits ist aber auch Güte eine weibliche Eigenschaft. Hier spürt man einen Zwiespalt, der nur durch die vermeintliche Wahrnehmung einer Bedrohungslage erklärt werden kann.

Wie Bundeskanzlerin Merkel im Nachhinein selbst einräumte, war der Zuzug von Flüchtlingen 2015 vorübergehend außer Kontrolle geraten (DPA, 2016). Solch ein Kontrollverlust der Regierung kann von der Bevölkerung als bedrohlich empfunden werden und eine Bedrohungslage löst den mütterlichen Abwehrinstinkt aus.

Darin liegt andererseits der Schlüssel zur Auflösung dieser Streitfrage. Wenn die Lage in dem Maß unter Kontrolle gebracht werden kann, dass ganz offensichtlich keine Bedrohung mehr von ihr ausgeht, würde sich der weibliche

Zwiespalt lösen. Die Ablehnung der Migration durch Rechtspopulisten würde hinfällig werden.

Vollends überraschend ist, dass der Vorwurf erhoben werden konnte, dass antifeministische Thesen von der AfD vertreten werden (Siri, 2016). Bekannt geworden ist insbesondere die Diskussion über den sogenannten Genderwahn (Kissler, 2013). Die Erklärung könnte darin liegen, dass gewisse Forderungen des Feminismus über das Ziel hinausgeschossen sind. Der gesunde Menschenverstand, der gerade bei der Frau besonders ausgeprägt ist, lässt Übertreibungen, welcher Art auch immer, nicht zu. Hier liegt ein Beispiel der weiblichen Kultur der beharrlichen verbalen Kritik vor (Liegener, 2017). Dieses weibliche Vorgehen hat zur Folge, dass eine optimale Lösung angestrebt wird – optimal für alle Beteiligten.

Der Vorwurf des Rassismus

Gern wird Rechtspopulisten Rassismus vorgeworfen, ebenso beharrlich der Vorwurf von jenen zurückgewiesen. Was lässt sich aus kollektivpsychologischer Sicht zu dem Vorwurf sagen?

Wichtig für die weiblich werdende Welt: Selektion ist Frauendomäne. „Im Tierreich beobachtet man eine umso größere Sorgfalt bei der Partnerwahl, je mehr Aufwand die Tiere bei der Brutpflege treiben müssen (Trivers, 1972). Das Weibchen muss sich oft weit mehr für die Aufzucht der Jungen engagieren als das Männchen und hat daher ein größeres Interesse an der Qualität der Gene, an Selektion. Beim Menschen zieht sich schon die Schwangerschaft mit neun Monaten sehr lange hin. Bis schließlich ein junger Mensch das Erwachsenenalter erreicht, vergehen dann noch mehr als zehn Jahre, in denen hauptsächlich die Mutter für ihn sorgt. Dementsprechend sind bei den Menschen die Rollen definiert: Männer wollen ihre Gene möglichst weit verbreiten, neigen zur Promiskuität,

Frauen legen Wert auf Selektion." (Liegener, 2017)

Im Zuge der Transgenderisierung der Menschheit wird demnach die Selektion an Bedeutung gewinnen.

Das kann Verschiedenes bedeuten. Zunächst kann es heißen, dass die Individuen sorgfältiger selektieren. Solange die/der Einzelne selektiert, wie sie/er will, kann man dagegen nichts einwenden. Selbst wenn es in Einzelfällen unter Rassengesichtspunkten geschehen sollte, wäre es von der individuellen Freiheit der Partnerwahl gedeckt.

Problematisch wird es erst, wenn kollektive Prozesse einsetzen sollten. Für das Vorliegen von Rassismus ist nämlich erforderlich, dass eine Gruppe oder ein Kollektiv gemeinsam handelt. Eine gängige Definition von Rassismus lautet wie folgt (Fredrickson, 2004, S.173):

„Wollten wir eine knappe Formulierung wagen, so könnten wir sagen, dass Rassismus vorliegt, wenn eine ethnische Gruppe oder ein historisches Kollektiv auf der Grundlage von Differenzen, die sie für erblich und unveränderlich hält, eine andere Gruppe beherrscht, ausschließt oder zu eliminieren versucht."

Würden also beispielsweise kollektive Vorschriften zur Eugenik erstellt werden, die gewisse Ethnien oder andere Gruppen benachteiligen, läge Rassismus vor.

Eugenik könnte in der Tat in einer künftigen weiblichen Welt zum Thema werden, vor allem durch die Fortschritte in der Reproduktionsmedizin. Viele genetische Eigenschaften könnten sich in Zukunft vorherbestimmen lassen. Allerdings: Für eine besondere Berücksichtigung der ethnischen Zugehörigkeit gibt es dabei keinen Grund. Rassismus ist nicht von vornherein zu befürchten. Eher wäre als Ziel vorstellbar, Erbkrankheiten zu vermeiden. Das läge zwar im Bereich des Möglichen, wäre aber trotzdem nur in individuellen Fällen und auf freiwilliger Basis akzeptabel und bleibt umstritten. Viele moralische Fragen werden aufgeworfen.

Ethisch Unvertretbares muss verhindert werden, wodurch der Staat als Instanz ins Spiel kommt. So könnten letztlich kollektive Entscheidungsfindungen in die Kontrolle der Gene einfließen. Das mutet düster an, wäre aber denkbar. Dass der Staat dabei seine Macht nicht missbraucht, würde nur durch demokratische Kontrollmechanismen gesichert. Eine verlässliche Demokratie gehört zum Programm der weiblich werdenden Welt.

Soweit die Möglichkeiten der weiblich werdenden Welt bei der Selektion. Rassismus ist keine primäre, d.h. aus kollektivpsychologischen Gründen ableitbare Gefahr.

Immer noch möglich wäre, dass Rassismus sich sekundär, d.h. aus zeitgeschichtlichen Gründen beim Populismus entwickelt hat. Es war schon erwähnt worden, dass Populisten dazu neigen, Flüchtlinge abzulehnen, weil sie in ihnen Verursacher von Problemen sehen. Das klingt zunächst rassistisch.

Man muss aber die Einstellung der Populisten berücksichtigen. Sie argumentieren, dass sie nicht die Flüchtlinge als Personen ablehnen, sondern den politischen Umgang mit ihnen. Sie kritisieren den Mangel an Kontrolle beim Zuzug, das Verwischen des Unterschiedes zwischen Asylsuche und Immigration. Manche machen sich Sorgen wegen der großen Zahl von Flüchtlingen, befürchten Überfremdung. Einige haben sogar Angst, dass ihnen etwas weggenommen wird. Die Angst vor Migration ist aber in diesem Fall nicht auf ethnische Wertungen zurückzuführen, sondern entspringt einem Sicherheitsbedürfnis derer, die sie äußern (Wagenburgmentalität). Diejenigen, die schon legal im Land Fuß gefasst haben, werden hingegen akzeptiert. Insofern ist die Klausel „erblich und unveränderlich" in der Definition von Rassismus nicht erfüllt. In diesem Stadium läge demnach kein Rassismus vor.

Von der Verbindung eines Problems mit einer Personengruppe ist es allerdings nur ein kleiner Schritt zur Entwicklung pauschaler negativer Gefühle gegenüber einer größeren ethnisch definierten Gruppe, die jene Personengruppe enthält. Einzelne, die sich zu den Populisten zählen, haben wohl diesen Schritt vollzogen. Damit werden sie zu Rassisten. Jedoch haben sie sich dann weiterentwickelt. Sie sind Rechtsextremisten geworden. Genau an dieser Stelle verläuft nämlich eine der Grenzen zwischen Rechtspopulismus und Rechtsextremismus.

Der Antigone-Konflikt

Antigone gerät in Sophokles' gleichnamiger Tragödie in den Konflikt, dass sie ihren gefallenen Bruder Polyneikes beerdigen will, der König es aber verbietet. Es ist ein Konflikt zwischen gefühltem Recht und Gehorsam gegenüber der Obrigkeit. Bei Sophokles entscheidet sich Antigone für das gefühlte Recht.

So würden heute wohl die meisten Menschen entscheiden. Wieder hat man es mit einer Folge der Transgenderisierung der Menschheit zu tun. Zu anderen Zeiten war es nämlich anders. Gerade Begräbnisverbote kamen im Mittelalter und danach öfter vor und wurden normalerweise hingenommen. Noch im 16./17. Jahrhundert führte das beispielsweise zu der absurden Situation, dass Menschen, die einen Selbstmord beabsichtigten, sich aber fürchteten, ihn zu begehen, weil er eben zu der Zeit noch mit Begräbnisverbot bestraft wurde, als Alternative ein Kapitalverbrechen begingen, um der Todesstrafe überantwortet zu werden (Frantzen, 2012, S. 13).

Dabei treten deutlich die Entwicklungsphasen der Menschheit hervor. Das antike Griechenland wies noch weibliche Züge auf – eine Episode aus der Adoleszenz der Menschheit. Damals folgte man seinen Gefühlen, so auch bei Sophokles.

In den folgenden Jahrhunderten kann die Menschheit als muttersohnartig charakterisiert werden – man folgte der Obrigkeit, wie es sich in Hierarchien gehört.

Mit der Transgenderisierung der Menschheit kehrt nun das Selbstbewusstsein des Individuums gegenüber der Obrigkeit zurück. Man begehrt im Zweifelsfall auf.

Diese neue Haltung ist ein Grundpfeiler des Populismus. Die Obrigkeit ist das Establishment, das scheinbar nicht ausreichend auf die Bürger hört. Sie wird zum Feindbild. Jedenfalls fühlt man sich berechtigt, den Gehorsam zu verweigern – bis hin zum gewaltlosen Widerstand.

Verbunden mit der Frage, wie weit der Gehorsam gegenüber der Obrigkeit gehen soll, ist die Frage nach der persönlichen Freiheit in einem gesellschaftlichen System.

Es wird der Demokratie nachgesagt, dass sie nicht davor zurückschrecke, den Menschen „notfalls gegen seinen Willen glücklich zu machen", während in aristokratischen Regierungsformen der Bürger nur in den Belangen überwacht würde, die nationalen Bezug hätten (de Tocqueville, 1967, S.87).

Die Demokratie ist weiblich und in der Tat ist einsichtig, dass auch die Bevormundung ein Zeichen der weiblich werdenden Welt ist. Im Allgemeinen neigen Frauen dazu, sozial schwächere Mitmenschen zu „bemuttern". Man spricht von „prosozialer Dominanz" (Bischof-Köhler, 2011). Im Gegensatz dazu achten Männer darauf, dem jeweils anderen seine Eigenständigkeit zu lassen.

Umgekehrt lässt sich kaum leugnen, dass Freiheit besonders in männlichen Mythen eine Rolle spielt – bis in die Neuzeit. Dem männlichen Bedürfnis nach Individualismus und Freiheit steht weiblicher Altruismus und Sorge für die Familie gegenüber. Beides gleichzeitig lässt sich kaum unter einen Hut bringen: „Wer nur von ‚Selbstverwirklichung' schwärmt und nur um sich selbst kreiselt, für den oder die sind Kinder natürlich ein lästiger Klotz am Bein. Der Geruch voller Windeln ist in der Tat etwas strenger als der Duft von Freiheit und Abenteuer an den Lagerfeuern des Marlboro-Mannes." (Kahl, 2007)

Persönliche Freiheit wider gesellschaftliches Verantwortungsgefühl – wofür steht die weiblich werdende Welt, wofür der Populismus? Einerseits wird der Antigone-Konflikt heute zugunsten der persönlichen Freuiheit entschieden, andererseits mischen sich Demokratien in die Privatsphäre ein.

Der Widerspruch lässt sich auflösen. Man kann feststellen, dass die Menschen noch nie so viele Freiheiten genossen haben wie heute. Man hat in unserer Gesellschaft die Möglichkeit zum Individualismus wie selten zuvor.

Allerdings wird gleichzeitig der gewährte Individualismus heute nicht mehr in dem Maß bewundert wie früher, als er noch gegen Widerstände gewagt werden musste.

Auch weiterhin wird der Mann zunächst nach Freiheit und Ungebundenheit streben und erst im Lauf der Zeit durch die Frau gezähmt werden, reif gemacht für eine Bindung und partielle Aufgabe seiner Freiheit. Der einzelne Mann wird auch in Zukunft „sein Ding machen" dürfen, auch in Zukunft wird es einsame Wölfe geben, nur werden sich die Ideale verschieben. Das Wirken in und durch die Gruppe wird höher eingeschätzt werden als der Individualismus. Die soziale Wirkung bedeutet mehr als die einzelne Leistung. Damit liegt eine weitere Eigenschaft der weiblich werdenden Welt vor, die sich auch im Populismus widerspiegelt: Publicity zählt heute mehr als Inhalte. Für ein paar Klicks im Internet wird alles getan.

Das heißt: Individuelle Freiheit wird in größtmöglichem Maß gewährt; Kontrolle wird dennoch ausgeübt, aber nur subtil durch soziale Mechanismen.

Das existenzielle Schuldbewusstsein der Menschheit

Die Menschheit leidet unter einem existenziellen Schuldbewusstsein. Mittelalterliche Interpretationen führten es auf die Erbsünde zurück. Freud verknüpfte das Schuldbewusstsein der Menschheit mit dem Ödipuskomplex (Freud, 1930, Kap. 7): „Wir können nicht über die Annahme hinaus, dass das Schuldgefühl der Menschheit aus dem Ödipuskomplex stammt."

Das existenzielle Schuldbewusstsein der Menschheit lässt sich auch aus der Evolution erklären (Liegener, 2015a): „Durch die spezifischen Herausforderungen der Umwelt in der Frühzeit der Menschheit wurden hauptsächlich die Menschen selektiert, die sich stets leicht überforderten, dadurch mehr leisteten. Die zwangsläufige Unzulänglichkeit beim Erreichen ihrer zu hoch gesteckten Ziele, die Unfähigkeit, die selbst geschaffenen Ideale zu verwirklichen, führte in der Folge zu Schuldgefühlen bei den so selektierten Menschen."

Mit dieser Erklärung wird gleichzeitig klar, warum die Menschheit grundsätzlich nicht in der Lage ist, ihre Ideale in vollem Umfang zu verwirklichen. Sie wird sie immer zu hoch ansetzen, sie wird sich immer überfordern. Der Narziss kann allerdings sein Versagen nicht akzeptieren. Schon deshalb muss die Menschheit in ihrer Muttersohnrolle scheitern.

Freuds auf dem Ödipuskomplex basierende Argumentation ging vom Individuum aus. Mit der These von der Personenartigkeit des Kollektivs der Menschheit eröffnet sich jedoch eine weitere, in der Tat psychoanalytische, Interpretation des existenziellen Schuldbewusstseins der Menschheit.

Fromm hob hervor, dass für den Ödipus-Komplex nicht die sexuelle Komponente entscheidend sei, sondern die starke Bindung des Sohnes an die Mutter und die Rebellion gegen den Vater (Fromm, 1979). Das ist gerade die typische Situation des Muttersohnes. Akzeptiert man die Hypothese von der Muttersohnähnlichkeit der kollektiven Psyche der Menschheit, gelangt man zwangsläufig zu einer Erklärung ihres Schuldbewusstseins als Folge einer ödipalen Verstrickung.

Das hat eine Konsequenz. Wenn die Menschheit sich transgenderisiert, wird sie zur Muttertochter. Da die Muttertochter im Allgemeinen nicht dem ödipalen Schuldkomplex verfällt, würde sie in Zukunft auch nicht mehr unter einem existenziellen Schuldbewusstsein leiden. Mit der Transgenderisierung der Menschheit sollte das kollektive Schuldbewusstsein nachlassen.

Tatsächlich lässt sich das schon heute ansatzweise beobachten. So wird den Menschen eine kollektive Schuld in weit geringerem Maße zugesprochen als früher. Lange war in Deutschland die Sippenhaftung üblich – bei den Germanen, im Mittelalter, während des Nationalsozialismus und in der DDR. Heute ist sie bei uns abgeschafft.

Wenn der Populismus eine Begleiterscheinung der weiblich werdenden Welt sein soll, läge es nahe, dass auch diese spezifische Begleiterscheinung der Transgenderisierung ein Nachlassen der kollektiven Schuld fördert.

Tatsächlich lässt sich auch das beobachten: Bemühungen einzelner Mitglieder der AfD zeugen von dem Bestreben, kollektive Schuld in geringerem Maße als bisher zu anzuerkennen und sie im Gegenteil zu verdrängen. Björn Höckes Wort vom „Denkmal der Schande" wirbelte seinerzeit viel Staub auf. Ohne es werten zu wollen, kann man konstatieren, dass seine Rede von einem Nachlassen des kollektiven Schuldbewusstseins bei Rechtspopulisten zeugt. Auch hier liegt eine Auswirkung der weiblich werdenden Welt vor. Man muss damit rechnen, dass mit diesen Äußerungen nur ein Symptom einer Entwicklung zu Tage trat, die gerade erst begonnen hat.

Nationale Manifestationen des Populismus

Populismus manifestiert sich an vielen Stellen der Welt und unter ganz verschiedenen Umständen. Erstaunlicherweise sprießt er an diesen Stellen nahezu gleichzeitig hervor, wenn man von einer welthistorischen Zeitskala ausgeht. Die verschiedenen Manifestationen, die (ohne Anspruch auf Vollständigkeit) hier aufgezählt werden sollen, zeigen dabei bemerkenswerte Ähnlichkeiten.

Wieder liegt damit ein Indiz vor, dass es sich beim Populismus um ein Phänomen handelt, das sich nicht aus dem tagespolitischen Geschehen erklären lässt, sondern eine gesamtgesellschaftliche kollektive Strömung darstellt.

Die AfD

Die AfD (Alternative für Deutschland) wurde 2013 als politische Partei gegründet. Bereits vorher bestand in Deutschland ein Netzwerk von europakritischen Protestbewegungen (Bebnowski, 2015), die jetzt gemeinsam eine parlamentarische Präsenz anstrebten (Häusler, 2016). Mit dem Ausscheiden von Bernd Lucke 2015 und der Abspaltung eines Teils der Partei driftete die verbliebene AfD nach rechts.

Neue Parteien werden anfangs gern für nicht koalitionsfähig gehalten. Das galt seinerzeit für die Grünen, später für die Linke, jetzt gilt es für die AfD. Hauptsächlich wird der AfD Rassismus vorgeworfen. Die Partei erwägt daraufhin, dem entgegenzutreten, indem im Parteiprogramm verankert wird, dass für rassistische Ideologien in der AfD kein Platz sei.

Das Programm der AfD weist Züge von Rechtspopulismus auf: EU-Kritik, Migrationseindämmung, Stärkung der Polizei, Förderung der klassischen Familienform, Wiedereinführung der Wehrpflicht etc.

Bisher hat die Partei trotz erheblicher Zugewinne im Zuge der Flüchtlingskrise nicht die

Stärke erreicht, die Rechtspopulisten in anderen europäischen Ländern aufweisen können.

Die Wahl von Trump

In der Präsidentschaftswahl 2016 in den USA ging es zum Schluss um die Entscheidung zwischen Hillary Clinton und Donald Trump. Im Ergebnis gewann Trump knapp den Titel. In einer weiblich werdenden Welt hätte man mit einer Präsidentin Hillary Clinton rechnen können und doch ist es anders gekommen. Das könnte überraschen, aber nicht zu sehr. Zum einen erhielt Clinton sogar mehr Stimmen als Trump, der nur auf Grund des Wahlmänner-Systems gewann. Nie zuvor war eine Frau dem Amt des US-Präsidenten so nahegekommen wie sie. Zum anderen spielte eine Rolle, was beide verkörpern.

Hillary Clinton hat sich als Frau in einer Männerwelt hochgearbeitet – eine unglaubliche

Leistung. Sie ist in dieser Männerwelt anerkannt und geachtet worden, mehr noch, sie ist ein Teil von ihr geworden. Natürlich blieb sie Frau und bewahrte sich ihre typisch weiblichen Stärken. Trotzdem steht sie mit ihrem Image für das Männersystem von Washington.

Trump dagegen wurde von diesem Establishment bisher nicht anerkannt. Er repräsentiert – ob zu Recht oder nicht – den Mann aus dem Volk, der den amerikanischen Traum lebt, der für selbstgemachten Erfolg steht. Er geht in Opposition zum männlich geprägten Establishment – ein Kennzeichen von Populismus.

Trump passt sich nicht an, ist stolz auf seine Sonderrolle. Fast ist er ein Revolutionär, will eine Wende herbeiführen. Sein Programm ist so durchmischt, dass zuweilen Frauenfeindlichkeit darin vorkommt, zuweilen auch wieder geleugnet wird. Trotzdem bedient er eine weibliche Grundidee: die Sicherheit des Heims, übertragen auf das Heimatland. Auch das Versprechen einer Wende spricht Frauen an: Sie sind von Natur aus neugierig, Neuem zugeneigt, gehen mit dem Zeitgeist. Männer sind konservativer. Die Wähler wollten einen Wechsel, sie wollten – überspitzt ausgedrückt – lieber einen Elefanten im Porzellanladen als ein „Weiterso".

Nationalistische Tendenzen spiegeln sich in Trumps Slogan „America first" – „Amerika zuerst" wider, der allerdings schon 1915 vom damaligen Präsidenten Woodrow Wilson eingeführt wurde. Trump nimmt jedoch für sich in Anspruch, diesen Slogan völlig neu interpretiert zu haben: „It was used as a brand-new, very modern term" – „Er wurde als nagelneuer, sehr moderner Ausdruck benutzt".

Es gibt mehrere Anzeichen, dass Trump als Populist eingeordnet werden kann. Dann ist mit einem Populisten doch ein Repräsentant der weiblich werdenden Welt gewählt worden, auch wenn es in dem Fall Mann war.

Der Brexit und die UKIP

Von Boudicca bis zu Elisabeth I, von Victoria bis zu Elisabeth II: England war schon immer ein Land der starken Frauen. Man konnte entscheidende Schritte zu einer weiblichen Welt von diesem Land erwarten. Die Ablehnung einer zentralistischen Regierung (gar noch vom Kontinent) kann als Zeichen der Weiblichkeit gesehen werden, der Brexit als Konsequenz.

Es gibt Stimmen, die sagen, die Flüchtlingspolitik Europas, insbesondere Merkels, sei der Grund gewesen. Es mag zwar sein, dass gewisse konkrete Ereignisse das Fass zum Überlaufen gebracht haben, gefüllt war es aber schon vorher. Es ist oft so in der Psychologie, dass konkrete Ereignisse Anlass zu psychischen Reaktionen geben, die schon länger gedroht hatten, die in der Luft lagen und gewissermaßen nur einen Vorwand brauchten, sich Bahn zu brechen.

Die UK Independence Party (UKIP) wurde 1993 als rechtspopulistische Partei gegründet.

Nun, da ihr Hauptziel, der Brexit, Wirklichkeit wurde, stürzte die Partei in eine programmatische Krise.

Le Pen und der Frexit

Der Front National wurde 1972 als politische Partei in Frankreich gegründet. Die Partei bezeichnet sich selbst zwar als populistisch, will aber weder rechts noch links verortet werden. Geführt wird sie von Marine Le Pen, die 2011 in dieser Funktion ihrem Vater Jean-Marie Le Pen, dem Parteigründer, folgte. Ähnlich wie von Trump wird eine nationale Präferenz angestrebt: „Les Français d'abord" – „Franzosen zuerst" (Le Pen, 1984).

Der Austritt aus der Euro-Zone und der NATO wird angestrebt. Entweder soll die EU umgestaltet werden, oder es soll zu einem Frexit kommen. Der Frexit wäre dramatisch für die EU, bleibt aber zunächst unwahrscheinlich, da hierfür in Frankreich eine Verfassungsänderung notwendig wäre.

Das Programm des Front National sieht ferner vor, dass die Einwanderung stärker beschränkt werden soll, die Strafgesetzgebung verschärft werden soll und sogar die Todesstrafe wiedereingeführt werden soll. Typisch populistische Züge.

Marine Le Pen gelang dieses Jahr (2017) der Einzug in die Stichwahl zur französischen Staatspräsidentschaft, in der sie immerhin einen Stimmenanteil von 33,9% errang.

Erdogan

Erdogans Referendum über das Präsidialsystem in der Türkei kann als Anti-EU-Votum verstanden werden, da es einen EU-Beitritt der Türkei zunächst unwahrscheinlicher macht. Trotzdem soll es ein weiteres Referendum geben, um zu entscheiden, ob ein EU-Beitritt noch angestrebt werden soll oder nicht. Außerdem soll es ein Referendum zur Wiedereinführung der Todesstrafe geben. Das sind Ansätze zur

Basisdemokratie. Die Europafeindlichkeit kann ebenfalls als Erkennungszeichen des Populismus gedeutet werden. Der Aufbau eines Feindbildes durch Beschimpfung der Europäer als Nazis soll die Türken zu einer homogenen Masse zusammenschweißen, die mit einfachen Parolen gelenkt werden kann – ein populistischer Ansatz.

In diesem Fall ist der Populismus allerdings schon im Prozess des Abkippens in eine Diktatur begriffen. Es handelt sich dabei um zwei Phasen, Populismus und Diktatur, die im Prinzip verschieden sind, aber manchmal unmerklich ineinander übergehen können. Weibliche Zeichen trägt nur der Populismus, nicht die Diktatur. Letztere gehört nicht zum Programm der weiblichen Welt und damit nicht zum Populismus. Wenn die Kräfte, die dem Populismus zum Erfolg verholfen haben, an die Macht kommen und diese zu zementieren versuchen, werden neue Manifestationen des Populismus entstehen, die dem nun festgefahrenen System entgegensteuern.

Niederlande

Geert Wilders gründete 2006 die niederländische Partij voor de Frijheit (PVV). Damit trat er politisch in die Fußstapfen von Pim Fortuyn. Dessen Partei LPF (Lijst Pim Fortuyn) war 2002 sofort nach der Gründung zweitstärkste Partei in den Niederlanden geworden, nachdem ihr Gründer kurz vor der Wahl ermordet worden war. Danach zerfiel die LPF.

Bei der Parlamentswahl 2017 wurde die PVV zweitstärkste Kraft. Die Partei gilt als rechtspopulistisch und fordert unter anderem eine direkte Demokratie mit Volksabstimmungen, weniger Einfluss der EU, den Austritt aus den Schengen-Abkommen sowie ein Referendum über den Nexit.

Belgien

Die Vlaams Belang ist eine rechtspopulistische bis rechtsextreme separatistische Regionalpartei in Flandern. Sie wurde 2004 gegründet. Bei den flämischen Parlamentswahlen 2014 errang sie 5,9%.

Luxemburg

Die Alternativ Demokratesch Reformpartei (ADR) wurde 1987 (unter anderem Namen) gegründet. Ursprünglich nur mit dem Ziel angetreten, Rentengerechtigkeit zu erkämpfen, griff die ADR mit der Zeit rechtspopulistische Themen wie EU-Kritik und Anti-Föderalismus auf.

In den Parlamentswahlen 2013 erreichte sie 6,6%.

Österreich

Die Freiheitliche Partei Österreichs (FPÖ) wurde schon 1955 gegründet. Erst unter dem Vorsitz von Jörg Haider ab 1986 entwickelte sie sich zur rechtspopulistischen Partei: Vettern-

wirtschaft wurde angeprangert, Migration sollte eingedämmt werden, der EU-Beitritt wurde
kritisiert. Bei den Nationalratswahlen 1999
wurde die FPÖ zweitstärkste Partei. 2005 spal-
tete sich das Bündnis Zukunft Österreich (BZÖ)
ab. Bei der Wahl des österreichischen Bundespräsidenten 2016 kam der FPÖ-Kandidat
Norbert Hofer in die Stichwahl und erreichte
beachtliche 49,7 % der Stimmen.

Italien: Lega Nord

Die Lega Nord, eine hauptsächlich norditalie-
nische rechtspopulistische Partei, strebt eine
stärkere Autonomie des wirtschaftlich stärkeren
Nordens Italiens an. Man fühlt sich dem Lom-
bardenbund des 11. und 12. Jahrhunderts ver-
wandt.

Die Partei gilt als europakritisch und migrati-
onsfeindlich. Sie überschreitet teilweise die
Grenzen vom Rechtspopulismus zum Rechtsextremismus (Stöss, 2006).

Die Lega Nord entstand 1991 als Bündnis der Lega Lombarda mit anderen Autonomiebewegungen. Sie war mit Unterbrechungen an der Regierung Berlusconis beteiligt.

Venezuela

In mehreren Ländern Lateinamerikas sind Linkspopulisten an der Macht. In Venezuela kam 1998 Hugo Chávez an die Regierung. Sein Programm war populistisch: Kampf gegen Korruption, direkte Demokratie, nationale Unabhängigkeit. Durch seinen Einsatz für soziale Gleichheit kann er dem linken Spektrum zugeordnet werden. Nach seinem Tod 2013 wurde Nicolás Maduro sein Nachfolger.

Im April 2017 wurde das Parlament entmachtet. Das Land könnte sich auf dem Weg in eine Diktatur befinden.

Ecuador

Seit 2007 ist Rafael Correa Präsident von Ecuador. Er nennt seine Regierung „Revolution der

Bürger". Sein Programm ist linksnationalistisch bis populistisch sowie christlich. Er steht Hugo Chávez politisch nahe.

Bolivien

Evo Morales ist seit 2006 Präsident Boliviens. Er wehrte sich gegen die Bevormundung Boliviens durch den IWF, kritisiert den Neoliberalismus, strebt sozialistische Strukturen und Verstaatlichungen an. Sein Anspruch, das „gewöhnliche Volk" zu vertreten, ließ ihn zum Populisten werden (Ramirez, 2009).

Griechenland

Im Zuge der griechischen Finanzkrise koalierte 2015 die linkspopulistische SYRIZA mit der rechtspopulistischen ANEL. Nachdem noch im gleichen Jahr Tsipras zurückgetreten war und Neuwahlen durchgeführt worden waren, kam es zu einer Neuauflage dieser Koalition. Sie regiert bis heute (2017).

Orbán und die Fidesz-Partei

Die Fidesz-Partei wurde 1988 von jungen Intellektuellen in Budapest gegründet. Viktor Orbán, einer der Gründer, wurde 1990 der erste Ministerpräsident Ungarns nach der Wende. Er blieb bis 2002 im Amt. 2003 benannte sich die Partei in Fidesz-MPSZ um. Orbán wurde 2010 wieder Ministerpräsident und regierte mit einer Zweidrittelmehrheit.

Nationalismus und Migrationseindämmung sprechen bei Orbán und der Fidesz-Partei für Rechtspopulismus. Dem widersprechen antidemokratische Tendenzen: Volksbefragungen sollen seltener werden, das Parlaments soll leichter aufgelöst werden können, das Verfassungsgerichts wird entmachtet. Der Populismus als Erscheinungsform der weiblich werdenden Welt ist auf ein Mehr, nicht auf ein Weniger an Demokratie ausgerichtet. Wenn die entsprechende Manifestation antidemokratisch agiert, ist es nur eine Frage der Zeit, dass sie durch neue Manifestationen abgelöst wird.

Polen

Die polnische Partei Prawo i Sprawiedlowosz (PiS) weist rechtspopulistische, EU-feindliche und nationalkonservative Züge auf, allerdings auch christdemokratische. Sie wurde 2001 von den Gebrüdern Kaczynski gegründet. Seit 2015 regiert die PiS mit absoluter Mehrheit sowohl im Sejm als auch im Senat. Es wurde der Verfassungsgerichtshof reformiert und die Mediengesetze geändert. Die Entscheidungen trafen auf Kritik, weil der Verfassungsgerichtshof dadurch in seiner Funktion beeinträchtigt werde und die Medien in ihrer Unabhängigkeit beeinträchtigt würden. Ähnlich wie in Ungarn besteht die Gefahr eines Wandels der ursprünglich demokratischen Bewegung zu einer entarteten Partei, die eine Aushöhlung der Demokratie betreiben könnte.

Die Zementierung der Macht von Populisten ruft neue Manifestationen auf den Plan. Inzwischen ist 2015 eine weitere rechtspopulistische Bewegung in Polen gegründet worden, die Kukiz' 15, die sich allerdings nicht als Partei registrieren lassen hat. Trotzdem nahm sie an den Parlamentswahlen 2015 teil und errang mit 8,8% den dritten Platz. Zusätzlich zu EU-kritischen Zügen gibt sie sich auch als systemkritisch.

Die SVP in der Schweiz

Die Schweizerische Volkspartei (SVP) gründete sich 1971 aus einem Parteienbündnis. Sie war zunächst eine konservative Bauernpartei der Mitte. Erst in den 1980er Jahren entwickelte sie sich zu einer rechtspopulistischen Partei.

2015 wurde die SVP stärkste Partei im Nationalrat der Schweiz. Sie ist an der Regierung beteiligt.

Die DF in Dänemark

Die Dansk Folkeparti (DF) wurde 1995 als rechtspopulistische Partei in Dänemark gegründet. Sie ist seit 2015 zweitstärkste Fraktion im Parlament. Sie regiert nicht selbst mit, stützt aber eine Minderheitsregierung.

Finnland

Die Perussuomalaiset (PERUS) wurde 1995 als rechtspopulistische Partei in Finnland gegründet. Sie ist EU-kritisch, nationalistisch und wendet sich gegen das Establishment. Bei der Parlamentswahl 2015 erreichte sie 18% der Stimmen, wurde drittstärkste Kraft und ist an der Regierung beteiligt.

Norwegen

Die Fremskrittspartiet (FrP) wurde 1973 gegründet, gilt als fremdenfeindlich und nationalistisch, bezeichnet sich als „liberalistische Volkspartei" und sieht sich als Protestpartei. Gelegentlich wird sie als rechtspopulistisch eingestuft (Stöss, 2006). 2013 errang sie bei den Wahlen zum Storting 16,3%. Sie ist an der Regierung beteiligt.

Schweden

Die Sverigedemokraterna (SD) wurde 1988 in Schweden als rechtpopulistische Partei gegründet. Sie will eine restriktivere Asyl- und Einwanderungspolitik, Steuersenkungen, den Mittelstand stärken und lehnt die EU ab.

Bei der Reichstagswahl 2014 erreichte sie 12,9% der Stimmen und wurde drittstärkste Kraft.

Lettland

Die Nacionālā apvienība (NA) wurde 2011 gegründet. Sie ist eine rechtspopulistische bis rechtsextreme, sogar rechtsradikale Partei, verehrt die Waffen-SS. Bei der Parlamentswahl 2014 errang sie 16,6% der Stimmen und ist an der Regierung beteiligt.

Russland

Jelzin, der die Sowjetunion auflöste und in die Gemeinschaft unabhängiger Staaten (GUS) umwandelte, war das erste demokratisch gewählte Staatsoberhaupt Russlands. Er gab sich gern als Populist. Nachdem er das bisherige Establishment entmachtet hatte, versuchte er, basisdemokratische Mechanismen zu etablieren, ließ Minister von der Bevölkerung per Telefon vorschlagen (Mommsen, 2004, S. 25). Ein weiteres Zeichen des Populismus, die Dezentralisierung, äußerte sich in der Beseitigung der Planwirtschaft.

Heute gibt es am rechten Rand eine andere populistische Kraft in Russland: die Liberal-Demokratische Partei Russlands (LDPR). Sie vertritt rechtspopulistische bis rechtsextreme Positionen. Bei der Parlamentswahl 2016 wurde sie mit 13,1% drittstärkste Kraft.

Bulgarien

Die Obedineni Patrioti (OP) sind ein Bündnis mehrerer Parteien. EU-Kritik, Nationalkonservativismus, Ablehnung der Globalisierung und weitere rechtspopulistische Tendenzen gehören zum Programm. Bei der Parlamentswahl 2017 errang das Bündnis mit 9,07% den dritten Platz und ist an der Regierung beteiligt.

Slowakei

Die Slovenska narodna strana (SNS) wurde 1990 gegründet. Sie betrachtet sich als ideologische Nachfolgerin der gleichnamigen Vorkriegspartei. Sie zeigt nationalkonservative, protektionistische, rechtspopulistische bis rassistische (anti-islamische) Züge.

Bei den Parlamentswahlen 2016 gewann sie mit 8,64% den vierten Platz und ist an der Regierung beteiligt.

Ukraine

Die Radikalna Partija Olega Laschka ist eine auf ihren Vorsitzenden Oleh Laschko fixierte Partei, die teils rechts-, teils linkspopulistische Züge aufweist. Sie ist nationalistisch ausgerichtet, unterstützt den Maidan, ist daher im Gegensatz zu anderen populistischen Parteien für die EU, will mit den Oligarchen aufräumen.

In der Parlamentswahl 2014 kam sie mit 7,44% auf den fünften Platz und ist an der Regierung beteiligt.

Tschechien

Die Usvit – Narodni Koalice gilt als rechtspopulistische Partei in Tschechien. Sie wurde 2013 gegründet. Bei den Wahlen im gleichen Jahr landete sie mit 6,9% auf dem sechsten Platz.

Postmoderne und Holismus

Karin Priester hat darauf hingewiesen, dass Populisten und Postmodernisten zahlreiche Gemeinsamkeiten teilen (Priester, 2007, S. 24). Ähnlich wie den Populismus könne man die Postmoderne als anti-totalitär, anti-hierarchisch, anti-elitär und anti-autoritär einordnen (Welsch, 1987). Die Postmoderne war bereits als charakteristische Begleiterscheinung der weiblich werdenden Welt erkannt worden (Liegener, 2017).

Die Postmoderne, die sich in den 80er Jahren formierte, ist in vieler Hinsicht weiblich. Es beginnt mit der Ablehnung des Zentralismus. Dann das für die Postmoderne Typische: Es gibt nicht eine absolute Erklärung der Welt, sondern viele verschiedene „Erzählungen", die miteinander konkurrieren, in Widerspruch stehen können. Die Wahrheit ist nicht monolithisch, sondern heterogen (Lyotard, 2012), erschließt sich aus widersprüchlichen Facetten. In der Kunst werden vergangene Stile zitathaft in Kollagen nebeneinandergestellt. Ironie bestimmt die Darstellungsweise (Jencks, 1990).

Die Möglichkeit widersprüchlicher Erzählungen korreliert mit der von männlicher Seite so oft kritisierten weiblichen Irrationalität, verbunden mit Intuition, die jetzt in einem völlig neuen Licht erscheint. Sie ist nicht mehr Fehlverhalten, sondern Ausdruck einer modernen Geisteshaltung.

Diese neue Geisteshaltung setzt sich in einem Begriff fort, der unser gesamtes modernes Denken beeinflusst: dem Holismus. Frei nach Aristoteles: „Das Ganze ist mehr als die Summe seiner Teile." Das Ganze kann in verschiedenen Facetten aufscheinen, je nach dem Blickwinkel des Betrachters. Die postmoderne Herangehensweise an die Wirklichkeit spiegelt dieses pluralistische Bild wieder.

Dramatisch hat sich der Holismus in der Naturwissenschaft durchgesetzt. Wenn man die Natur in Teile zerlegt, um sie zu analysieren, wird man irgendwann scheitern. So geschah es in der klassischen Mechanik des 19. Jahrhunderts. Ihr Versagen bei der Beschreibung atomarer Vorgänge führte zur Entwicklung der

Quantenmechanik, einer holistischen Theorie. Man erhebt nicht mehr den Anspruch, alles über ein Objekt wissen zu können. Stattdessen stellt man Fragen, führt Messungen durch, erhält dabei Antworten, die widersprüchlich sein können, weil die Messung das Objekt bereits beeinflusst. Beobachter und Objekt sind miteinander verwoben, bilden ein Ganzes.

Die klassische Mechanik war eine Theorie der muttersohnartigen Menschheit, die Quantenmechanik ist eine Theorie des sich neu als Muttertochter wiederfindenden Kollektivs. Hier der Muttersohn mit narzisstischem Absolutheitsanspruch, dort die Muttertochter mit bescheidenem Sich-Einfügen.

Die Wissenschaft stellt sich im Holismus als ein unterbestimmtes Netzwerk von Sätzen heraus (Quine, 1979). Netzwerke sind weiblich. Der in der Vergangenheit selbstverliebt propagierte Reduktionismus erweist sich als verstaubter Mythos der Wissenschaft (Primas, 1981, Liegener & Del Re, 1987a, 1987b, Liegener, 1994).

Der Holismus scheint schon das Denken der frühesten Naturvölker beherrscht zu haben (Lévi-Strauss, 1968) – zu einer Zeit, als das analytische Denken noch nicht entwickelt war. Zu jener Zeit war die Menschheit noch nicht zum Muttersohn gereift, befand sich noch im Stadium eines Kleinkindes.

Später wurde der holistische Gedanke philosophisch in der homosexuellen Adoleszenzphase der Menschheit wiederaufgegriffen, im Griechenland der Antike. Aristoteles wurde erwähnt, auch Platon ist zu nennen.

Heute nun kann der Holismus als eine der vielen Begleiterscheinungen der weiblich werdenden Welt angesehen werden. Insofern decken sich manche Aspekte mit dem Populismus.

Auch Populisten gehen den intuitiven Weg, setzen weniger auf Sachargumente als auf Massenmeinungen, Stimmungen der Gemeinschaft im Großen und Ganzen. Deshalb werden sie oft als dilettantisch beschimpft.

Die Quantenmechanik hat die Eigenschaft, die Existenz inkommensurabler Observablen zu beschreiben, d.h. einzuräumen, dass es Messgrößen gibt, die nicht gleichzeitig beliebig genau gemessen werden können. In einer Erweiterung des quantenmechanischen Gedankens können holistische Theorien durch W*-Algebren modelliert werden (Primas, 1981). Sie haben die Eigenschaft, nicht miteinander kompatible Aussagen zuzulassen. Das erinnert an die Grundgedanken der Postmoderne: Bei den Theorien gibt es miteinander nicht kompatible Untertheorien, bei der Postmoderne miteinander nicht kompatible Geschichten.

Die Koexistenz inkompatibler Meinungen stellt somit eine Parallelität zwischen Postmoderne und Populismus dar. Miteinander inkompatible Auffassungen stören einen Populisten nicht. Wie sonst könnte man verstehen, dass Links- und Rechtspopulisten Bündnisse miteinander eingehen (so z.B. 2015 in Griechenland unter Tsipras).

Schillernde Parteien wie der Front National oder die Radikalna Partija Olega Laschka in der

Ukraine können sowohl als rechts-, als auch als linkspopulistisch bezeichnet werden.

Es kommt sogar zu widersprüchlichen Überzeugungen innerhalb ein und derselben Person. Das setzt sich am rechten wie am linken Rand fort. Zu erwähnen wäre der Fall Horst Mahler (Jesse, 2001), in dem der Angeklagte einmal als Linksextremist auftrat (Mitbegründer der RAF), ein anderes Mal als Rechtsextremist (Holocaust-Leugner).

Der Einfluss der Kirchen

Die Menschheit wurde als Sohn der Urmutter von ihr geprägt. Zunächst war sie die einzige überirdische Bezugsperson der Menschheit.

Jeder Muttersohn entwickelt irgendwann eine Vatersehnsucht. So auch die Menschheit. Dieser Vatersehnsucht folgend fand er mit der Entwicklung des Monotheismus später zu einem väterlichen Gott, den er aber fürchtete und dem er nie so nahe stand wie der Urmutter.[2]

Die Religionen und die Kirchen hatten und haben noch immer großen Einfluss auf die Gesellschaft; davon sind die Wähler nicht ausgenommen. Oft genug gab es Wahlempfehlungen von der Kanzel. Derzeit leisten die Kirchen dem Populismus energisch Widerstand. Durch die Gewährung von Kirchenasyl werden zuweilen

---

[2] Hier ist kein Widerspruch zu Glaubenstraditionen beabsichtigt. Man kann ohne Probleme die These von einer objektiven persönlichen höheren Macht aufstellen und mutmaßen, dass jene Macht sich den Menschen in der zu ihnen passenden Weise als Vaterfigur offenbart hat.

sogar staatliche Entscheidungen zu Abschiebungen korrigiert.

Allerdings ist der Einfluss der Kirchen am Schwinden. Die Absolutheit eines von der Kanzel verkündeten göttlichen Willens wird immer öfter in Frage gestellt. Der Machtverlust der Kirchen kann als eine gesellschaftliche Erscheinung angesehen werden, die mit dem Weiblich-Werden der Welt zu tun hat (Liegener, 2017). Hierarchien gelten als veraltet, Gemeinschaftserlebnisse werden gesucht. Man hört weniger auf Dogmen, vertraut lieber der eigenen Intuition.

Sogar die Vorstellungen vom Jenseits ändern sich. Es kann geradezu von einem Verlust des Jenseits gesprochen werden. Die Kirchen werden diesseitiger. In einer weiblich werdenden Welt verliert das Jenseits seine Wichtigkeit.

Das ist so zu verstehen: Frauen handeln nicht lösungsorientiert, sondern vorgangsorientiert (Pease & Pease, 2002, S. 195). Sie haben es nicht nötig, sich eine künstliche Vorstellung dessen zu konstruieren, was da kommen soll, aber doch völlig im Dunkeln liegt.

Männer, besonders Muttersöhne brauchen ein Ziel, einen „Sinn" des Lebens. Frauen nicht. Frauen gestalten das tägliche Leben pragmatisch, so, dass es funktioniert. Fragen ihrer Kinder nach dem Himmel beantworten sie kindgerecht, prägen damit jenseitsgläubige Muttersöhne. Sie selbst kommen ohne jenseitige Ziele aus. Sie lösen die Aufgaben des täglichen Lebens, ohne dafür eine Metatheorie zu aufzustellen.

Es ist kein Wunder, dass man sich heute weniger Gedanken über das Jenseits macht als früher (Lang, 2003). Das wird sich fortsetzen.

Mit dem Bedeutungsverlust des Jenseits verlieren die Kirchen an Einfluss. Sie werden sich der weiblichen Welt anpassen und zu losen Verbänden von Gläubigen werden. Den zwingenden Einfluss, den Hierarchien ausüben können, werden sie einbüßen. Damit verschwindet ein Bollwerk gegen den Populismus.

Rechtspopulisten haben ein gespaltenes Verhältnis zu den christlichen Kirchen (Orth & Resing, 2017): Einerseits fürchten sie die Islamisierung des Abendlandes, damit verbunden eine Schwächung des Christentums; andererseits beschimpfen sie die Kirchen wegen ihres Engagements für Flüchtlinge. Damit wenden sie sich gegen die Organisation „Kirche", wie sie faktisch derzeit noch existiert.

Populisten dürften sich außerdem daran stören, dass insbesondere die katholische Kirche beispielhaft für eine zentralistische Organisationsform mit Zentrum in Rom steht. Wenn die Kirchen im Zuge der Transgenderisierung der Welt von einer hierarchischen zu einer netzwerkartigen Struktur wechseln, wird der Einfluss der Kirchen auf die Politik weniger kohärent. Sie repräsentieren dann nur noch Symbole der abendländischen Kultur. Das würde den Rechtspopulisten ins Konzept passen und von ihnen akzeptiert werden.

Bewertung des Populismus

Mit der Bezeichnung „Populismus" wird oft ein abwertendes Urteil abgegeben. Der Vorwurf des Populismus wird dabei polemisch eingesetzt und kann dann selbst als populistisch angesehen werden (Dahrendorf, 2003, Spier, 2010). Trotzig entgegnen Populisten, dass sie die Bezeichnung „Populist" sogar für eine Auszeichnung halten (Wolf, 2017).

Populisten scheinen Anfeindungen geradewegs anzuziehen. AfD-Parteitage werden regelmäßig von Gegendemonstrationen Linksautonomer begleitet, die sich teilweise auch als gewaltbereit erweisen. Selbst aus der Mitte der Gesellschaft kommt moralische Empörung über manche Positionen der Populisten auf, die in ihrer Intensität Rätsel aufwirft, geht sie doch weit über ein normales „Principiis obsta" hinaus.

Rechtspopulisten vermuten hinter diesen Bewegungen eine Hetze der etablierten Parteien, die angeblich den Verlust von Wählerstimmen fürchten. Das mag zwar plausibel klingen, kann aber die Dynamik des Konflikts kaum erklären.

Die leidenschaftlich geführte Debatte um eine Bewertung des Populismus mündete längst in einem Konflikt, der zum Teil sogar auf der Straße ausgetragen wird.

Hier soll nun die These aufgestellt werden, dass es sich bei dem Konflikt zwischen Populisten und ihren Gegnern gar nicht in erster Linie um Politik handelt, sondern um ein Ausleben kollektivpsychologischer Spannungen, die ihren Ursprung in der Transgenderisierung der Menschheit haben.

Jeder Muttersohn hat seinem Profil gemäß eine schwache und unsichere Männlichkeit ausgebildet, beeinflusst von einer starken weiblichen Komponente. Er reagiert darauf mit Überkompensation und leugnet alles Weibliche seiner Natur, gibt sich übertrieben männlich. Er wird von der weiblichen Seite seiner Persönlichkeit gleichzeitig fasziniert und abgestoßen – eine Hassliebe, die für seine selbstzerstörerischen Tendenzen mitverantwortlich ist.

Für das Kollektiv der Menschheit gilt demnach, dass der Muttersohn die begonnene Transgenderisierung unbewusst ablehnt und zu verhindern sucht. Hier widerstreiten zwei unbewusste Impulse: zum einen die vom Selbsterhaltungstrieb ausgelöste Transgenderisierung, zum anderen die Ablehnung des Weiblichen.

Emotional bewertet der sich auflösende Muttersohn die entstehende Muttertochter negativ. Entsprechend wird der Populismus als Begleiterscheinung der kommenden Muttertochter vom Muttersohn, vom Kollektiv der Menschheit, vehement abgelehnt. In dem Fall geht es nicht mehr nur um politische Interessen, nicht um hohle Polemik – da kommt tatsächlich eine von intrinsischem Gefühl getragene kollektive Abneigung zum Ausdruck.

Eine sachliche Bewertung des Populismus ist für uns Menschen als Mitglieder des Kollektivs demnach unmöglich. Sie ist auch nicht notwendig. Wenn Populismus eine Folge des Weiblich-Werdens der Menschheit ist, muss man ihn als eine Art Naturgewalt betrachten. Als solche ist er weder als gut, noch als schlecht zu bewerten.

Es lässt sich jedoch sagen, dass Populismus nicht auf Dauer angelegt ist. Das folgt schon aus seinem Programm, eine friedliche Umwälzung einzuleiten. Irgendwann ist dieses Ziel erreicht, die Bewegung wird überflüssig – so geschehen bei der UKIP nach dem Brexit-Beschluss.

Ein weiterer Hinweis auf die Kurzlebigkeit populistischer Manifestationen ergibt sich aus seiner Methodik, die auf Massenwirkung abzielt. Massenbewegungen entstehen und erstarken schnell, kühlen aber ebenso schnell wieder ab. Gegebenenfalls werden sie dann von neuen populistischen Bewegungen abgelöste.

Schlussfolgerungen

Drei Einsichten folgen aus der dargestellten Theorie.

Erstens: Selbst wenn von Regierungen Fehler gemacht worden sein sollten, sind sie nicht verantwortlich für das Auftreten des sogenannten Rechtspopulismus. Die so bezeichneten Strömungen sind vielmehr Resultat eines tiefgehenden Wandels der kollektiven Psyche der Menschheit. Die Suche nach „Schuldigen" erübrigt sich.

Zweitens: Die neuen Strömungen sind nicht so gefährlich, wie sie zuweilen empfunden werden. Ziel sind nicht diktatorische oder totalitäre Systeme, im Gegenteil, es wird ein loses Netzwerk von Demokratien angestrebt.

Drittens: Die einzelnen Manifestationen des Populismus sind kurzlebig. Das Phänomen aber bleibt und wird immer neue Blüten treiben.

Man kann den Entwicklungen, die noch kommen werden, mit Gelassenheit entgegensehen.

Der Populismus als Begleiterscheinung einer weiblich werdenden Welt ist eine Naturgewalt, aber er ist auf eine friedliche Lösung der Konflikte angelegt. Wenn die Forderungen, die jeweils vertreten werden, umgesetzt werden sollten, werden die entsprechenden Manifestationen überflüssig werden und wieder verschwinden.

Die Kultur der beharrlichen verbalen Kritik legt jedoch nahe, dass es immer wieder etwas zu kritisieren geben wird. Populismus als Artikulation des Widerspruchs wird uns immer aufs Neue begleiten, in immer neuen Manifestationen. Er ist Kennzeichen einer neu entstehenden Welt.

Literaturverzeichnis

Albrecht, H. (2008). Der weibliche Bio-Bonus. *Die Zeit*, Ausg. 28.

Axelrod, R. (2009). *Die Evolution der Kooperation. 7. Auflage.* München: Oldenbourg.

Bardi, U. (2011). *The Limits to Growth Revisited.* Berlin / New York: Springer.

Bebnowski, D. (2015). *Die Alternative für Deutschland. Aufstieg und gesellschaftliche Repräsentanz einer rechten populistischen Partei. Aus der Reihe "essentials".* Wiesbaden: VS Verlag für Sozialwissenschaften.

Bischof-Köhler, D. (2011). *Von Natur aus anders. Die Psychologie der Geschlechtsunterschiede, 4. Auflage.* Stuttgart: Kohlhammer.

Büchmann, G. (1898). *Geflügelte Worte, 19. Auflage.* Berlin: Haude und Spenersche Buchhandlung (F. Weidling).

Dahrendorf, R. (2003). Acht Anmerkungen zum Populismus. *Transit. Europäische Revue, 25,* S. 156-163.

de Tocqueville, A. (1967). *Das Zeitalter der Gleichheit. Auswahl aus Werken und Briefen. Zweite neubearbeitete und erweiterte Auflage. Übersetzt und herausgegeben von Siegfried Landshut.* Wiesbaden: Springer Fachmedien.

Decker, F. (2006). *Populismus. Gefahr für die Demokratie oder nützliches Korrektiv?* Wiesbaden: VS Verlag für Sozialwissenschaften.

Douglas, A. (1977). *The Feminization of American Culture.* New York: Farrar, Straus and Giroux.

DPA. (2016). *Merkel: Flüchtlingszuzug war vorübergehend außer Kontrolle. Meldung vom 19.9., aufgerufen am 30.3.2017.* faz.net/agenturmeldungen.

DPA. (2017). *Seibert: Erdogans Nazi-Vergleich "absurd und deplatziert". Meldung vom 6.3., abgerufen am 30.3.2017.* Generalanzeiger Bonn.

DRV. (2015). *Rentenversicherung in Zeitreihen, 21. Auflage.* Deutsche Rentenversicherung Bund, S.110.

Frantzen, M. (2012). *Mors voluntaria in reatu – die Selbsttötung im klassischen römischen Recht.* Göttingen: V & R unipress.

Fredrickson, G. M. (2004). *Rassismus – ein historischer Abriss*. Hamburg: Hamburger Edition.

Freud, S. (1930). *Das Unbehagen in der Kultur*. Wien: Internationaler Psychoanalytischer Verlag.

Fromm, E. (1979). *Sigmund Freuds Psychoanalyse – Größe und Grenzen*. Stuttgart: Deutsche Verlags-Anstalt.

Funken, C. (2016). *Sheconomy. Warum die Zukunft der Arbeitswelt weiblich ist*. München: C. Bertelsmann.

Günther, C., & Reichel, W. (2017). *Populismus: das unerhörte Volk und seine Feinde*. Berlin: Frank & Frei.

Habermas, J. (2011). *Theorie des kommunikativen Handelns, 8. Aufl*. Frankfurt am Main: Suhrkamp.

Häusler, A. (2016). *Die Alternative für Deutschland. Programmatik, Entwicklung und politische Verortung*. Wiesbaden: VS Verlag für Sotialwissenschaften.

Heitmeier, W. (2005). *Deutsche Zustände, Folge 3*. Frankfurt/Main: Suhrkamp Verlag.

Inglehart, R. (1977). *The Silent Revolution. Changing Values and Political Styles Among Western Publics.* Princeton: Princeton University Press.

Inglehart, R. (1995). *Kultureller Umbruch. Wertewandel in der westlichen Welt.* Frankfurt: Campus.

Jencks, C. (1990). *Was ist Postmoderne?* Zürich, München: Artemis.

Jesse, E. (2001). Biographisches Portrait: Horst Mahler. In *Jahrbuch Extremismus und Demokratie 13* (S. 183-199). Baden-Baden: Nomos.

Jones, S. (2003). *Der Mann. Ein Irrtum der Natur?* Reinbek: Rowohlt.

Jung, C. G. (2011). *Die Archetypen und das kollektive Unbewusste (Gesammelte Werke 9/1).* Ostfildern: Patmos.

Kahl, J. (2007). *Weltlicher Humanismus. Eine Philosophie für unsere Zeit. 3., korrigierte Aufl.* Berlin: LIT Verlag Dr. W. Hopf.

Kissler, A. (11. Juni 2013). "Herr Professorin". Genderwahn auf dem Vormarsch. *Cicero.*

Lang, B. (2003). *Himmel und Hölle: Jenseitsglaube von der Antike bis heute.* München: C. H. Beck.

Le Bon, G. (2014). *Psychologie der Massen. Übersetzer Rudolf Eisler. 2. Aufl. 1912. Nachdruck.* Hamburg: Nikol.

Le Pen, J.-M. (1984). *Les Français d'abord.* Paris: Carrere.

Lévi-Strauss, C. (1968). *Das wilde Denken, deutsch von Hans Naumann.* Frankfurt/M.: Suhrkamp.

Liegener, C.-M. (1994). Die Stellung der Chemie zur Physik – Symptome des Reduktionismus. In P. Janich, *Philosophische Perspektiven der Chemie* (S. 95-100). Mannheim: Bibliographisches Institut.

Liegener, C.-M. (2015a). *Erbsünde und Erbschuld – Vom Ursprung unseres existenziellen Schuldbewusstseins.* Hamburg: tredition.

Liegener, C.-M. (2016a). *Wie wurde Jesus Gottes Sohn? Muttersöhne in der Bibel.* Essen: Die Blaue Eule.

Liegener, C.-M. (2016b). *Der Muttersohn im Mythos.* Hamburg: tredition.

Liegener, C.-M. (2017). *Warum die Welt weiblich wird. Ein Psychogramm der Menschheit.* Leipzig: Einbuch-Verlag.

Liegener, C.-M., & Del Re, G. (1987a). Chemistry vs. physics, the reduction myth, and the unity of science. *Zeitschrift für allgemeine Wissenschaftstheorie, vol. 19,* S. 165-174.

Liegener, C.-M., & Del Re, G. (1987b). The relation of chemistry to other fields of science: atomism, reductionism, and inversion of reduction. *Epistemiologia, vol. 10,* S. 269-284.

Lyotard, J.-F. (2012). *Das postmoderne Wissen, Hg. P. Engelmann, 7. Auflage.* Wien: Passagen.

Mommsen, M. (2004). *Wer herrscht in Russland? – Der Kreml und die Schatten der Macht. 2. Aufl.* München: C. H. Beck.

Mudde, C. (2004). The Populist Zeitgeist. *Government and Opposition 39 (3),* S. 541-563.

Müller, J.-W. (2016). *Was ist Populismus? Ein Essay.* Berlin: Suhrkamp.

Orth, S., & Resing, V. (2017). *AfD, Pegida und Co.: Angriff auf die Religion?* Freiburg im Breisgau: Herder.

Pease, A., & Pease, B. (2002). *Warum Männer lügen und Frauen immer Schuhe kaufen.* Berlin: Ullstein.

Pilgrim, V. E. (1986). *Muttersöhne.* Düsseldorf : claassen.

Priester, K. (2007). *Populismus. Historische und aktuelle Erscheinungsformen.* Frankfurt/Main: Campus Verlag.

Primas, H. (1981). *Chemistry, Quantum Mechanics and Reductionism.* Berlin, Heidelberg, New York: Springer.

Quine, W. V. (1979). *Von einem Logischen Standpunkt: Neun logisch-philosophische Essays.* Frankfurt/M., Berlin, Wien: Ullstein.

Ramirez, L. C. (2009). *A New Perspective on Bolivian Populism.* University of Oregon: Thesis.

Remafedi, G. (1992). Demography of Sexual Orientation in Adolescents. *Pediatrics 89 (4),* S. 714-721.

Rosin, H. (2012). *Das Ende der Männer und der Aufstieg der Frauen.* Berlin: Berlin-Verlag.

Sadigh, P. (2015). Die Welt wird weiblicher. *Zeit online, 13. Oktober.*

Schwarz, G. (2007). *Die "Heilige Ordnung" der Männer: Hierarchie, Gruppendynamik und die neue Rolle der Frauen, 5.Auflage.* Wiesbaden: VS Verlag für Sozialwissenschaften.

Siri, J. (2016). Geschlechterspezifische Positionen der Partei Alternative für Deutschland. In A. Häussler, *Die Alternative für Deutschland. Programmatik, Entwicklung und politiscvhe Verortung.* (S. 69-80). Wiesbaden: Springer VS.

Spier, T. (2010). *Modernisierungsverlierer? Die Wählerschaft rechtspopulistischer Parteien in Westeuropa.* Wiesbaden: VS Verlag für Sozialwissenschaften.

Stegemann, B. (2017). *Das Gespenst des Populismus: Ein Essay zur politischen Dramaturgie, 3.Aufl.* Berlin: Theater der Zeit.

Steiner, R. (2000). Die Entwicklungsstadien unserer Erde: Lemurische, atlantische, nachatlantische Epoche. 3. Auflage. In *Rudolf Steiner Gesamtausgabe. Vorträge* (S. 234). Dornach / Schweiz: Rudolf Steiner Verlag.

Stöss, R. (2006). Rechtsextreme Parteien in Westeuropa. In O. Niedermayer, R. Stöss, & M.

Haas, *Die Parteiensysteme Weteuropas* (S. 528). Wiesbaden: VS Verlag für Sozialwissenschaften.

Theweleit, K. (1977). *Männerphantasien.* Frankfurt am Main: Verlag Roter Stern.

Trivers, R. L. (1972). Parental Investment and Sexual Selection. In B. G. Campbell, *Sexual Selection and the Descent of Man. 1871-1971.* (S. 136-179). London: Heinemann.

Welsch, W. (1987). *Unsere postmoderne Moderne.* Weinheim: VCH.

Wolf, T. (2017). *Rechtspopulismus. Überblick über Theorie und Praxis.* Wiesbaden: Springer VS.

BEI GRIN MACHT SICH IHR
WISSEN BEZAHLT

- Wir veröffentlichen Ihre Hausarbeit,
  Bachelor- und Masterarbeit

- Ihr eigenes eBook und Buch -
  weltweit in allen wichtigen Shops

- Verdienen Sie an jedem Verkauf

Jetzt bei www.GRIN.com hochladen
und kostenlos publizieren